BEI GRIN MACHT SICH IHR WISSEN BEZAHLT

AF144442

- Wir veröffentlichen Ihre Hausarbeit,
  Bachelor- und Masterarbeit

- Ihr eigenes eBook und Buch -
  weltweit in allen wichtigen Shops

- Verdienen Sie an jedem Verkauf

Jetzt bei www.GRIN.com hochladen und kostenlos publizieren

Bibliografische Information der Deutschen Nationalbibliothek:

Die Deutsche Bibliothek verzeichnet diese Publikation in der Deutschen National-
bibliografie; detaillierte bibliografische Daten sind im Internet über http://dnb.d-
nb.de/ abrufbar.

Impressum:

Copyright © 2006 GRIN Verlag
Druck und Bindung: Books on Demand GmbH, Norderstedt Germany
ISBN: 9783640127528

Dieses Buch bei GRIN:

https://www.grin.com/document/57163

Stefan Kaiser

E-Commerce und Datenschutz

GRIN Verlag

Fachhochschule Darmstadt

Sommersemester 2006

Literaturstudie

<u>„E-Commerce und Datenschutz"</u>

Erstellt von: Stefan Kaiser

Eingereicht am: 23. Mai 2006

Inhaltsverzeichnis

Inhaltsverzeichnis…………………………………………………………...........I

Darstellungsverzeichnis……………………………………………………..II

1.   Einführung und Themenabgrenzung…………………………………1

2.   E-Commerce……………………………………………………………2

2.1.   Der Begriff E-Commerce…………………………………………………2
2.2.   Die Ausprägungen des E-Commerce…………………………………..2
2.3.   E-Commerce im B2C Bereich und seine Entwicklung………………..3
2.4.   Kritische Betrachtung der Entwicklung des E-Commerce.................5

3.   Datenschatz & E-Commerce...6

3.1.   Rechtliche Grundlagen – Das Bundesdatenschutzgesetz.................6
3.2.   Besondere Ausprägungen des Datenschutz beim E-Commerce.......7

4.   Fazit...9

Literaturverzeichnis..11

Quellenverzeichnis...12

Selbstkritische Darstellung zur Erstellung der Arbeit................................13

Darstellungsverzeichnis

Abbildung 1: Ausprägungen des E-Commerce………………………………..-2-

1. Einführung und Themenabgrenzung

Die Entwicklung der elektronischen Datenverarbeitung im Allgemeinen und des Internets im Speziellen prägt unsere Zeit in erheblichem Maße. Noch nicht einmal die Geschichte des Telefons ist mit der nahezu unglaublichen Erfolgsgeschichte des Internets zu vergleichen, das sich innerhalb von nur wenigen Jahrzehnten von einer zwar einfachen aber globalen Vernetzung von Computern des US-Militärs zu einer von der großen Mehrzahl der Weltbevölkerung genutzten globalen Informationssystems entwickelt hat.

Doch das Internet dient inzwischen bei weitem nicht mehr nur als Informationsquelle. Längst hat z.B. auch der Handel die Möglichkeiten entdeckt, die das Internet bietet. Werbung, Kundenbetreuung oder auch der direkte Vertrieb von Waren und Dienstleistungen, das so genannte E-Commerce, sind dafür nur einige Beispiele.

Doch die neuen Möglichkeiten bringen natürlich auch neue Probleme und Risiken mit sich. Im Bereich des E-Commerce ist hierbei vor allem die Problematik des Datenschutzes zu nennen. Selbstverständlich ist beim so genannten Online-Vertrieb der Austausch personenbezogener Daten unablässig, doch was geschieht anschließend mit diesen Daten? Diese latente Unsicherheit ist bei vielen Menschen vorhanden und wohl ein entscheidender Grund, weshalb zwar Masse und Breite des E-Commerce Angebots im Internet in den vergangenen Jahren stark zugenommen hat, die Nutzung aber trotz steigender Tendenz immer noch weit hinter den Potentialen zurück bleibt.

Um die Hintergründe dieser Situation besser zu erfassen, folgt im zweiten Kapitel dieser Arbeit zunächst eine Erläuterung des Begriffes „E-Commerce", gefolgt von einer Betrachtung seiner unterschiedlichen Ausprägungen, den speziellen Ausprägungen im Bereich B2C (Business to Costumer) und einem kurzen Überblick über die Entwicklung des E-Commerce.

In Kapitel 3 werden anschließend die datenschutzrechtlichen Grundlagen sowie deren Besonderheiten im Bezug auf das „E-Commerce" behandelt.

Diese Arbeit konzentriert sich bei der Erläuterung des Themas auf den Bereich B2C mit Hilfe eines stationären Internetzugangs, da diese beiden Ausprägungen sowohl die häufigste Form des E-Commerce darstellen, als auch die Form, bei der die meisten datenschutzrechtlichen Probleme aufkommen, da Privatpersonen Ihre persönlichen Daten hierbei an Unternehmen zwecks der Abwicklung eines Geschäftes übermitteln müssen. Der im BDSG (Bundesdatenschutzgesetz) festgeschriebene Schutz natürlicher Personen vor einer ungewollten, nachteiligen Verwendung der eigenen Daten, ist hier am meisten gefährdet. Sowohl der Bereich C2C, wie auch weitere Internetzugangsmöglichkeiten (z.B. via Handy) oder die technischen Grundlagen, bleiben daher in dieser Arbeit unberücksichtigt.

Im Anschluss an die eigentliche Arbeit sowie deren Verzeichnisse erfolgt aufgrund der Aufgabenstellung eine kurze selbstkritische Analyse der Erstellung dieser Arbeit.

2. E-Commerce

2.1. Der Begriff E-Commerce

Für den Begriff E-Commerce (Electronic-Commerce) findet sich in der Literatur keine einheitliche Definition. Eines ist allerdings nahezu allen Definitionen gemein: E-Commerce ist ein Bestandteil des Oberbegriffs E-Business, was wiederum die Unterstützung traditioneller Geschäftsabläufe durch elektronische Medien beschreibt.

Einer geläufigen Definition zufolge wäre beispielsweise das Schreiben eines Briefes ein traditioneller Geschäftsablauf, während das Versenden dieses Briefes via E-Mail oder sogar nur per Fax einen Vorgang darstellt, der dem E-Business zuzurechnen ist.[1]

Andere Autoren stecken bereits den Rahmen für das E-Business deutlich enger ab, und sehen dieses erst dann als gegeben an, wenn das Internet weitgehend in den Gesamtprozess des Unternehmens eingebunden ist.[2]

Allerdings beziehen alle Autoren das E-Business auf sämtliche Bereiche und Prozesse des Unternehmens, während das E-Commerce sich lediglich auf die Bereiche Handel und Vertrieb bezieht. E-Commerce ist folglich, wie bereits angedeutet, ein Teilbereich des E-Business, in dem über Rechnernetze alle Aspekte die den Verkauf von Gütern und Dienstleistungen betreffen, behandelt werden. Dies erstreckt sich von der Präsentation des Angebots, über die Bestellung und den Kauf bis hin zum Warenaustausch im Fall von digitalen Produkten.[3]

2.2. Die Ausprägungen des E-Commerce

So nahezu unbegrenzt wie die Möglichkeiten des Internets erscheinen, sind auch die Ausprägungen des E-Commerce und damit auch die Kriterien, anhand derer man versuchen könnte mittels einer Klassifizierung etwas Struktur in dieses Thema zu bringen. Die am weitesten verbreitete, da auch übersichtlichste, Einteilung erfolgt nach dem beteiligten Nutzerkreis.

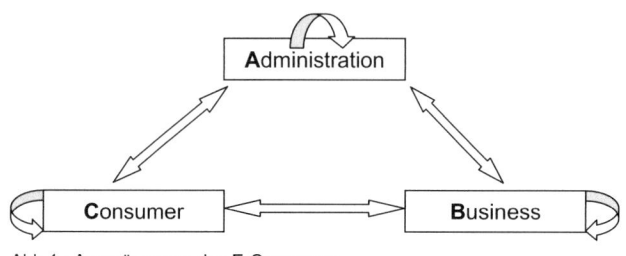

Abb.1.: Ausprägungen des E-Commerce
Eigene Darstellung[4]

---

[1] Vgl. Zwißler, S., Electronic Commerce, 2002, S. 10.
[2] Vgl. Stahlknecht, P./Hasenkamp, U., Wirtschaftsinformatik, 2002, S. 513.
[3] Vgl. Zwißler, S., Electronic Commerce, 2002, S. 15.
[4] Vgl. Biethahn, J./Nonikos, M., Ganzheitliches E-Business, 2002, S. 131f.

Wie in der Abbildung veranschaulicht wird, lässt sich der beteiligte Benutzerkreis am E-Commerce in drei Gruppen untergliedern. Diese Gruppen nennt man „administration", womit der Staat gemeint ist, „business", also die Unternehmen und schließlich die Konsumenten („consumer").[5]

Wie durch die Pfeile in der Darstellung verdeutlich wird gibt es eine Vielzahl von möglichen Beziehungen in denen die drei Gruppen im Rahmen des E-Commerce interagieren können. Die Bezeichnung dieser Beziehungen wird unter Zuhilfenahme des Initials der jeweils beteiligen Gruppen und verbunden durch die Zahl 2 gebildet. Beispielsweise eine Beziehung zwischen einem Unternehmen als Verkäufer und einem Konsumenten als Käufer erhält die Bezeichnung „business to consumer", also B2C (die Zahl 2 ersetzt also hier aufgrund der gleichen Aussprachen im Englischen das Wort „to").

Neben dieser Beziehung, auf die sich diese Arbeit konzentrieren wird, ergeben sich allerdings noch acht weitere mögliche Beziehungen. Zunächst ist es möglich, dass jede Gruppe mittels E-Commerce mit anderen Mitgliedern der selben Gruppe Geschäfte tätigt. Dies wären also die Beziehungen A2A, B2B und C2C, wobei dem Bereich B2B, also business to business, wohl die größte Bedeutung zukommt. Bei den Geschäften der Unternehmen untereinander werden die größten Umsätze im gesamten E-Commerce Bereich getätigt. Die Anzahl der Geschäftsvorfälle ist allerdings im B2C Bereich größer, wobei natürlich jeder einzelne Geschäftsvorfall wesentlich geringeren Umsatz generiert. Diese Beziehung kann, auch wenn dies in der Realität ein seltener Fall ist, auch mit vertauschten Rollen existieren, wobei der „consumer" in diesem Fall als Verkäufer und das Unternehmen als Käufer auftritt. Ein Beispiel hierfür könnte eine Online-Bewerbung sein. Der Konsument bietet dem Unternehmen seine Arbeitskraft an, und das Unternehmen hat die Möglichkeit diese zu erwerben.

Weiterhin gibt es noch die Beziehungen zwischen den Konsumenten und dem Staat, sowie zwischen den Unternehmen und dem Staat, wobei auch hier jede Gruppe als Käufer oder Verkäufer in der Beziehung auftreten kann. Die Beziehungen mit dem Staat sind innerhalb des E-Commerce allerdings von zu vernachlässigender Bedeutung.

2.3. E-Commerce im B2C Bereich und seine Entwicklung

Wie groß ist nun das Potential des E-Commerce für die Wirtschaft? Um diese Frage zu beantworten muss man sich nur die Entwicklung des Internets in den vergangenen Jahren vor Augen führen. Laut einer Studie des statistischen Bundesamtes waren im Jahr 2002 bereits 55% der deutschen Haushalte mit einem stationären PC ausgestattet, und immerhin 44% nutzten bereits das Internet[6]. Vergleicht man diese Information mit den Werten des Jahres 2000 fällt die enorme Entwicklung besonders im Bereich der Internetnutzung auf, denn zu diesem Zeitpunkt waren es nur 14% der

---

[5] Vgl. Biethahn, J./Nonikos, M., Ganzheitliches E-Business, 2002, S. 131f.
[6] Vgl. Studie „Informationstechnologieen in Haushalten", statistisches Bundesamt, 2003, S. 9.

deutschen Haushalte, die das Internet nutzten. Der Wert hat sich also in nur zwei Jahren mehr als verdreifacht. Diese Entwicklung, des für das E-Commerce grundlegenden Mediums,[7] läßt nur den Schluß zu, das auch das E-Commerce in Zukunft weiter an Bedeutung gewinnen wird.[8]

Welche Geschäfte können nun mittels E-Commerce abgewickelt werden? Zunächst einmal gibt es hierfür eigentlich keine Grenze. Theoretisch ließe sich jedes Geschäft, zumindest in Teilen, auch online gestützt durchführen. Sogar ein Frisörbesuch ließe sich online vereinbaren und bezahlen, lediglich die Leistung müsste dann vor Ort erfolgen.

Praktisch gibt es allerdings einige Grenzen, die hier erwähnt werden müssen. Als erstes sind dabei die Beschränkungen zu nennen, die der Gesetzgeber bereits für die Geschäftsabwicklung im Allgemeinen vorsieht, wie beispielsweise die Nichtigkeit von Geschäften, die gemäß §134 BGB gegen geltendes Recht verstoßen.[9]

Eine zweite und engere Einschränkung stellt der Grad der Rationalität eines E-Commerce Geschäftes im Vergleich zu einer traditionellen Geschäftsabwicklung dar. Allgemein läßt sich hier sagen, dass der Grad der Rationalität eines solchen Geschäftes mit dem Grad der Einbindung der nötigen Prozesse in die elektronische Abwicklung steigt oder fällt. Je mehr der nötigen Prozesse also in digitalisierter Form abgewickelt werden können, desdo höher ist also der Grad der Rationalität eines E-Commerce Geschäfts. Eine Grenze, ab der E-Commerce sinnvoll erscheint, läßt sich hingegen schwerlich bestimmen und ist stark vom Einzelfall abhängig. Sicher erscheint im Folge dieser Erläuterungen allerdings, dass die Zukunft des E-Commerce vor allem in den Geschäften zu finden sein wird, die sich vollständig mittels Internet und elektronischer Datensysteme durchführen lassen.[10] Dies schliesst dann natürlich auch die Lieferung der Waren, oder die Erbringung der Dienstleistung ein. Die Zukunft des E-Commerce liegt demzufoglen in vollständig digitalisierbaren Produkten und Dienstleistungen, was das bereits angeführte Beispiel des Frisörbesuchs als eher unwahrscheinlichen Fall eine E-Commerce Geschäfts erscheinen lässt. Die mögliche Vereinfachung bei Terminabsprachen und Zahlungen steht in keinem Verhältnis zum Mehraufwand, daher wird diese Art eines Geschäfts wohl noch auf absehbare Zeit in traditioneller Form durchgeführt werden.

Um die zukünftige Entwicklung des E-Commerce vollständig abschätzen zu können, müssen allerdings noch einige weiter Punkte berücksichtig werden. Neben dem bereits angesprochenen Nutzerpotential, das generell aus allen heutigen und zukünftigen Internetnutzern besteht, müssen auch die, das E-Commerce ermöglichenden, nötigen technischen Ausstattungen der Nutzer, wie auch deren Willen und Motivation zur Nutzung von E-Commerce

---

[7] Vgl. Güttler, W./Heinzl, A., Adoption E-Commerce, 2002, in: Albach, H./Hummel,J., Zukunft, Zeitschrift für Betriebswirtschaft, Ergänzungsheft 1/2003, S. 80.

[8] Vgl. Grimm, R., Datenverarbeitung im Internet in Roßnagel, A./Banzhaf, J./Grimm, R. Datenschutz im E-Commerce, 2003, S 21.

[9] Vgl. Müssig, P., Wirtschaftsprivatrecht, 2002, S. 107.

[10] Vgl. Simon, H., E-Business – Quo Vadis, 2001, in: Albach, H./Hummel,J., Zukunft, Zeitschrift für Betriebswirtschaft, Ergänzungsheft 1/2003, S. 4.

Angeboten berücksichtigt werden. Da die Erläuterung des techischen Hintergrunds den Rahmen dieser Arbeit bei weitem Sprengen würden, sollen an dieser Stelle lediglich noch einige Erläuterungen bezüglich der Motive erfolgen, die die Nutzung von E-Commerce Angeboten fördern.

Als Motivation ein Angebot wahrzunehmen dienen natürlich die jeweiligen Vorteile des Angebots. Im Bezug auf das E-Commerce können diese Vorteile sehr vielfältig sein. Am häufigsten wird in diesem Zusammenhang die mögliche Kostenersparnis bei einem E-Commerce Geschäft genannt. Diese wiederum ergibt sich einerseits durch den verstärkten Wettbewerb aufgrund der größeren Markttransparenz im Internet, da Informationen über Angebote aus aller Welt eingeholt werden können, zum anderen aber auch durch die bereits angesprochene Rationalität eines E-Commerce Geschäfts. Ein Geschäft, dass vollständig digital abgewickelt werden kann, benötigt deutlich weniger Ressourcen als das gleiche Geschäft in seiner traditionellen Abwicklung. So kann beispielsweise beim Kauf einer Musik-CD bei der online Abwicklung auf kostenintensive Notwenigkeiten des traditionellen Handels, wie eine Vielzahl von Angestellten und Ladengeschäften, verzichtet werden. Dieser Kostenvorteil ist die primäre Motivation, die das E-Commerce auch in Zukunft als einen Wachstumsmarkt erscheinen lassen wir.

2.4. Kritische Betrachtung der Entwicklung des E-Commerce

Die Kostenvorteile des E-Commerce für den Kunden sind unbestritten. Dennoch fällt auf, dass selbst die 44% der deutschen Bevölkerung, die die Voraussetzungen für die Nutzung E-Commerce erfüllen, also einen PC mit Internetzugang besitzen, das Angebot nur zu einem Teil wahrnehmen. Nur 45% der Internetnutzer in Deutschland, und damit nicht einmal 20% aller Deutschen, nutzen das Internet im Rahmen des E-Commerce.[11] Im europäischen Vergleich ist Deutschland damit aber sogar noch an zweiter Stelle. Lediglich in Großbritanien nutzt ein größerer Anteil der Internetnutzer das Internet im Rahmen des E-Commerce (51%).

Worin sind nun die Gründe für diese, der technischen Entwicklung hinterher hinkende, Nutzung des E-Commerce Angebots zu sehen? Die Umfragen zu diesem Thema zeigen das Problem deutlich auf. Der am häufigsten genannte Grund für die Nichtteilnahme am E-Commerce ist der nicht vorhandene Bedarf, bzw. der Kauf der benötigten Produkte im Laden. Jeder zweite der befragten Personen führte einen dieser beiden Gründe an.[12] Bei genauerer Betrachtung erscheinen diese Begründungen allerdings wenig stichhaltig, da das Angebot des E-Commerce inzwischen so vielfältig ist, dass praktisch jeder Konsument zumindest einen Teil seiner Bedarfe decken könnte. Diese Begründungen deuten auf einen allgemeinen Mangel an Willen hin, sich mit diesem Thema eingehender zu beschäftigen.

---

[11] Vgl. Studie „Informationstechnologieen in Haushalten", statistisches Bundesamt, 2003, S. 24.
[12] Vgl. Studie „Informationstechnologieen in Haushalten", statistisches Bundesamt, 2003, S. 28.

Vernachlässigt man diese beiden Punkte, so entdeckt man auf den Plätzen drei und vier als nächste Gründe die Sicherheitsbedenken der Nutzer bezüglich der Zahlungen per Kreditkarte und auch der Sicherheit ihrer persönlichen Daten. Diese Begründungen scheinen uns dem wahren Problem deutlich näher zu bringen. Es besteht im Grunde aus einem Mangel an Vertrauen in das neue Medium Internet.[13] Der traditionelle Handel mit seinem Filialnetz hat den unschätzbaren Vorteil, mit dem Kunden einen persönliche Beziehung, eine Vertrauensbasis aufbauen zu können. Diese Möglichkeit ist beim E-Commerce mangels des persönlichen Kontakts mit dem Kunden natürlich nicht gegeben.

Ziel des E-Commerce muss es also sein, eine rechtlichen und organisatorischen Rahmen in den Bereichen Datenschutz und Datensicherheit zu schaffen, dem die Kunden gerne und zurecht ihr Vertrauen schenken. Nur so kann das gewaltige Potential dieses Marktes in Zukunft genutzt werden.

3. Datenschatz & E-Commerce

3.1. Rechtliche Grundlagen – Das Bundesdatenschutzgesetz

Die zu beachtenden rechtlichen Regelungen zum Thema Datenschutz in Deutschland sind sehr vielfältig. Zunächst hat jedes Bundesland für sich verschiedene Gesetze zu diesem Thema beschlossen. Dem übergeordnet existiert auf Bundesebene das Bundesdatenschutzgesetz (BDSG), das den Datenschutz in Deutschland im Allgemeinen regelt. Auch von Seiten der Europäischen Union wurden für diesen Bereich Regelungen getroffen, welche in der Bundesrepublik Deutschland im Mai 2001 mit der Novelle zum Bundesdatenschutzgesetz in nationales Recht überführt worden sind.[14] Da das BDSG allerdings den Datenschutz, wie erwähnt, nur im Allgemeinen regelt, bedürfen seine Regelungen der Präzisierung für einzelne Teilbereiche des öffentlichen Leben. So enthalten eine Vielzahl von Gesetzen datenschutzrechtliche Regelungen für die im jeweiligen Gesetz geregelten Bereiche. Die Nutzung des Internet betreffend, sind beispielsweise Regelungen im Teledienstedatenschutzgesetz (TDDSG), dem Mediendieste-Staatsvertrag (MDStV) in der Telekommunikations-Datenschutzverordnung (TDSV) und vielen weiteren vorhanden.

Im Kern verfolgt das BDSG das Ziel den Menschen vor einer für ihn nachteiligen Verwendung seiner persönlichen Daten zu schützen,[15] oder mit den Worten des BDSG: „Zweck dieses Gesetzes ist es, den Einzelnen davor zu schützen, dass er durch den Umgang mit seinen personenbezogenen

---

[13] Vgl. Roßnagel, A., Datenschutzrecht in Roßnagel, A./Banzhaf, J./Grimm, R. Datenschutz im E-Commerce, 2003, S 120f.
[14] Vgl. http://www.datenschutz.hessen.de/tb30/K03P01.htm / gedruckt am 13.05.2006
[15] Vgl. Niedermeier, R. Rechtshandbuch, 2003, S. 712.

Daten in seinem Persönlichkeitsrecht beeinträchtigt wird."[16] Eine Einschränkung des Datenschutzes kann nur durch Gesetz oder durch die Zustimmung des Betroffenen erfolgen.

Das BDSG ist, wie durch die Verwendung des Begriffs „Persönlichkeitsrecht" angedeutet wird, eng an die Grundrechte des deutschen Grundgesetzes angelehnt. Das Persönlichkeitsrecht jedes Einzelnen soll unangetastet bleiben. Dabei gelten die Grundrechte (Art. 1ff GG) als Abwehrrechte gegen den Staat, wogegen sich die Abwehrrechte die sich aus dem BDSG ergeben auch auf die Beziehungen natürlicher Personen und Unternehmen angewandt werden können und müssen.

Die Regelungen des BDSG folgen im Umgang mit personenbezogenen Daten dem Grundsatz, dass alles was nicht ausdrücklich erlaubt wurde, verboten ist.[17] Damit ist die Einwilligung des Betroffenen in jedem Fall notwendig. Der Begriff der personenbezogenen Daten ist zudem äußerst weit gefasst. Er erstreckt sich von der Adresse, über die familiären Verhältnisse bis hin zum Beruf.[18] Diese Daten dürfen ohne Zustimmung des Betroffenen weder erfasst, noch gespeichert, oder verarbeitet werden, wobei die Verarbeitung die Generalklausel dieser Regelung darstellt, da darunter jeder Umgang mit personenbezogenen Daten zu verstehen ist, der nicht durch die ersten beiden Punkte bereits abgedeckt ist.

Die Freude über den nobele Vorsatz des Gesetzgebers, muss allerdings bei genauerer Betrachtung bald der Ernüchterung weichen. Durch die angesprochene Vielzahl der vorhandenen Regelungen zu diesem Thema fehlt sowohl für den Verbrauchen wie auch für die Unternehmen die Übersichtlichkeit. Selten ist sich ein Teilnehmer am E-Commerce aller Regelungen bewusst, die er zu beachten hat, und so ist es nicht verwunderlich, dass es trotz guten Willens von allen Seiten relativ häufig zu datenschutzrechtlichen Verstößen kommt. Auch wenn diese in der Mehrzahl der Fälle nicht beabsichtigt sind, erschüttern sich doch das Vertrauen des Verbrauchers und wirken so als Hemmschuh für die Entwicklung des E-Commerce.[19]

3.2. Besondere Ausprägungen des Datenschutz beim E-Commerce

Wie im vorangegangenen Punkt erläutert, ist das BDSG und damit der Datenschutz in Deutschland allgemein auf den Schutz des Persönlichkeitsrechts des Einzelnen durch den Schutz seiner personenbezogenen Daten ausgerichtet. Als das BDSG 1977 erstmals erlassen wurde[20], konnten dabei natürlich noch nicht die besonderen datenschutzrechtlichen Problem berücksicht werden, die durch das Internet, oder im speziellen durch E-Commerce entstehen. Das Internet war zu dieser Zeit quasi noch nicht

---

[16] s. §1 I BDSG
[17] Vgl. §4 BDSG
[18] Vgl. §3 BDSG
[19] Vgl. Schaar, P. Datenschutz, 2002, S. 1.
[20] Vgl. Hoeren, T., Internetrecht, 2002, S.234.

existent, und der Handel via E-Commerce kam erst Mitte der 90er Jahre des letzten Jahrhunderts verstärkt zum Einsatz. Das BDSG musste also, wie eine Vielzahl anderer Gesetze, den veränderten Gegebenheiten angepasst werden. Eine dieser Anpassungen in der war beispielsweise die Aufnahme der elektronischen Form als Möglichkeit des Vertragsabschlusses in das BGB.[21]

Um die Veränderungen, die sich durch das Aufkommen von E-Commerce in datenschutzrechtlicher Hinsicht ergaben, zu erfassen, muss man sich zunächst die Situation vor dem Aufkommen von Internet und E-Commerce bewusst machen. Die traditionellen Geschäfte erfolgten meist Zug um Zug, d.h. ein Kunde kauft eine Ware indem der das Geld übergibt und dafür die Ware erhält. Eine Aufnahme oder gar Speicherung der personenbezogenen Daten des Kunden war bei einem solchen Geschäft nicht notwendig. Im Gegensatz dazu setzt E-Commerce den Austausch dieser Daten zwingend voraus, das es eben nicht zu einem persönlichen Kontakt kommt, und somit ein Geschäft Zug um Zug nicht möglich ist. Name und Anschrift, sowie Konto- bzw. Kreditkartendaten müssen dem Verkäufer beim Abschluss eines online getätigten Kaufs übermittelt werden. Doch diese wissendlich und willentlich übermittelten Daten des Kunden sind nur die Spitze des Datenberges, der jeden Tag im Internet entsteht. Jede Bewegung eines Nutzers im Internet hinterläßt sogenannte „Datenspuren",[22] die durch entsprechenden Aufwand wieder zu aussagekräftigen Informationen zur Person verbunden werden können. Die Datenvermeidung, als eine Form des Datenschutzes, ist im Internet quasi nicht möglich. Der Betroffene ist also bereits durch die Struktur des Internet an sich seines Rechts auf Schutz seiner personenbezogenen Daten durch den Mangel an Kontrollmöglichkeiten beraubt,[23] ganz zu schweigen von der vom BDSG verlangten Einwilligung vor der Verwendung der Daten. Die noch ungelöste Frage ist, wie die riesigen Datenströme des Internet in datenschutzrechtlicher Hinsicht kontrollierbar gemacht werden können.

Ein zusätzliches Problem das sich durch das Aufkommen von E-Commerce in Datenschutzrechtlicher hinsicht ergibt, ist das verständliche wirtschaftliche Interesse der Unternehmen die im Internet vorhandenen Daten für Marketingzwecke zu nutzen. Kundenwünsche und –verhalten lassen sich aus diesem Daten ablesen, sowohl bezogen auf ganze Kundengruppen, als auch auf den einzelnen Kunden selbst. Zwar sind sich die Unternehmen weitgehend des Schadens bewusst, den sie mit einer Verarbeitung dieser Daten dem Vertrauen der Kunden, und damit, wie bereits erläutert, der weiteren Verbreitung von E-Commerce zufügen, doch sind die Möglichkeiten die sich bieten ein wares El Dorado für jeden Marketing Manager. Zudem hat dieser Vertrauensbruch eine für den Datenschutz sehr unpraktische Seite. Das Misstrauen richtet sich nicht nur auf das Unternehmen, das den Vertrauensbruch ausgelöst hat, sondern auf das gesamte E-Commerce, wohingegen bei der Einhaltung des Datenschutzes niemand davon Notiz

---

[21] für ausführliche Erläuterungen zu diesem Thema vgl. Müssig, P., Wirtschaftsprivatrecht
[22] Vgl. Schaar, P., Datenschutz, 2002, S. 13.
[23] Vgl. Roßnagel, A., Datenschutzrecht in Roßnagel, A./Banzhaf, J./Grimm, R. Datenschutz im E-Commerce, 2003, S. 119.

nimmt, und also auch kein Wettbewerbsvorteil für das Unternehmen entsteht. Diese Tatsache verleitet natürlich dazu die gesetzlichen Regelungen möglichst stark zu strecken, denn die Gefahr besteht immer, dass die Konkurrenz die vorhandenen Spielräume besser ausnutzt.

Eine weitere Problematik ergibt sich aus dem globalen Character des Internet. Geschäftsvorfälle können sich weltweit, über alle Ländergrenzen hinweg ereignen. Das EU-Recht bietet in datenschutzrechtlicher Hinsicht hier noch eine nützliche Vereinheitlichung der Regelungen. Was passiert aber beim Handel über die Grenzen der EU hinaus, und welches Recht ist dann anzuwenden? Das des Käufers? Das des Verkäufers?

Zur Lösung dieser und vieler weiterer Probleme die durch E-Commerce entstehen, soll das Multimediadatenschutzrecht realisierbare Möglichkeiten bieten. Es wurde u.a. dazu geschaffen um E-Commerce zu fördern, indem die nötige Vertrauensbasis durch spezifische, dem BDSG vorangestellten Regelungen geschaffen wird.[24] Die Problematik der Vorschriftenfülle wir dadurch allerdings nicht gemildert. Mit dem Multimediaschutzrecht gibt es nun neben dem BDSG, dem TDDSG und dem MDStV vier Gesetze / Verträge, die bei jeder Aktion im Online-Vertrieb genau zu beachten sind. Damit nicht genug, muss der jeweils Betroffene auch noch in Erfahrung bringen, welche Regelung in welchem Fall gilt, da sich die einzelnen Regelungen nicht selten gegeseitig ausschliessen.

Die Probleme des Datenschutzes im Bezug auf E-Commerce sind also mindestens so zahlreich wie die Versuche der Probleme mit Hilfe von Vorschriften Herr zu werden. Um das Wachstum des E-Commerce aber weiter zu fördern wäre eine Vereinfachung und Vereinheitlichung in naher Zukunft dringend erforderlich.

4. Fazit

E-Commerce ist ein neuer Markt mit immer noch gewaltigen ungenutzten Potentialen. Um diese Potentiale zu nutzen ist es, wie erläutert, entscheident das Vertrauen der Kunden in diese Form des Geschäftsabschlusses zu stärken. Da dieses Vertrauen, mangels des direkten Kontakts, nicht mehr personenbezogen, z.B. auf den Berater / Verkäufer in einem Geschäft, gerichtet werden kann, muss das Vertrauen in die umgebenden Regelungen vorhanden sein, wie etwa in die Gesetze zum Datenschutz. Der Gesetzgeber bemüht sich zwar redlich, die bestehenden Lücken in der Gesetzgebung durch neue Gesetze zu schliessen, doch die dadurch entstehende Unübersichtlichkeit der Regelungen verursacht erneut ein Unsicherheitsgefühl bei Konsumenten und Unternehmen, da sich niemand wirklich sicher ist, welche Rechte er hat, oder welche Vorgaben er einzuhalten hat. Das Bemühen von allen Beteiligten ein Umfeld zuschaffen, innerhalb dessen E-Commerce sicher und komfortabel für alle möglich ist, ist aber durchaus

---

[24] Vgl. Roßnagel, A., Datenschutzrecht in Roßnagel, A./Banzhaf, J./Grimm, R. Datenschutz im E-Commerce, 2003, S. 123.

vorhanden und als sehr positiv zu bewerten. Falls diese Entwicklung von allen Seiten weiterhin in diesem Maße unterstützt wird, und die bestehenden Probleme bezüglich des Datenschutzes gelöst weden können, kann E-Commerce der größte und einzig wirklich globale Markt der Welt werden.

Literaturverzeichnis

Biethan, Jörg/Nomikos, Marina (Hrsg.), [E-Business], ganzheitliches E-Business, Oldenburg Wissenschaftsverlag, 2002

Grimm, Rüdiger, [Datenverarbeitung], Datenverarbeitung im Internet, in Roßnagel, Alexander/Banzhaf, Jürgen/Grimm, Rüdiger, [Datenschutz E-Commerce, 2003], Datenschutz im Electronic Commerce, aus Holznagel, Bernd/Koenig, Christian/ Scherer, Joachim/Tschentscher, Thomas/Wegerich, Thomas (Hrsg.), Schriftenreihe Kommunikation & Recht, Verlag Recht und Wirtschaft GmbH Heidelberg, 2003

Güttler, wolfgang/Heinzl, Armin, [Adoption E-Commerce, 2002] Adoption des Electronic Commerce im deutschen Einzelhandel, in: Albach, Horst/Hummel, Johannes (Schriftleitung), [Zukunft], Die Zukunft des Electronic Business, in [ZfB] Zeitschrift für Betriebswirtschaft, Gabler Verlag Wiesbaden, 2003, Ergänzungsheft 1

Hören, Thomas, [Internetrecht], Grundzüge des Internetrechts, 2. Auflage, Verlag C.H. Beck München, 2002

Müssig, Peter, [Wirtschaftsprivatrecht, 2002], Writschaftsprivatrecht, 5. über-arbeitete Auflage, C.F.Müller Verlag Heidelberg, 2002

Niedermeier, Robert, in Gounalakis, Georgios (Hrsg.), [Rechtshandbuch], Rechtshandbuch Electronic Business, Verlag C.H. Beck, München, 2003

Roßnagel, Alexander, [Datenschutzrecht], Teil B: Datenschutzrecht in Roßnagel, Alexander/Banzhaf, Jürgen/Grimm, Rüdiger, [Datenschutz E-Commerce, 2003], Datenschutz im Electronic Commerce, aus Holznagel, Bernd/Koenig, Christian/Scherer, Joachim/Tschentscher, Thomas/Wegerich, Thomas (Hrsg.), Schriftenreihe Kommunikation & Recht, Verlag Recht und Wirtschaft GmbH Heidelberg, 2003

Schaar, Peter, [Datenschutz], Datenschutz im Internet, Verlag C.H. Beck München, 2002

Simon, Hermann [E-Business – Quo Vadis, 2001] E-Business- Quo Vadis? Analysis and Perspectives, in: Albach, Horst/Hummel, Johannes (Schriftleitung), [Zukunft], Die Zukunft des Electronic Business, in [ZfB] Zeitschrift für Betriebswirtschaft, Gabler Verlag Wiesbaden, 2003, Ergänzungsheft 1

Stahlknecht, Peter/Hasenkamp, Ulrich, [Informatik, 2002], Einführung in die Wirtschaftsinformatik, 10. Auflage, Springer-Verlag Berlin Heidelberg, 2002

Zwißler, Sonja, [Electronic Commerce, 2002]: Electronic Commerce Electronic Business, Berlin, Heidelber, New York, Springer Verlag, 2002

Internet Quellen

http://www.datenschutz.hessen.de/tb30/K03P01.htm   /   gedruckt   am 13.05.2006

Studie „Informationstechnologieen in Haushalten", statistisches Bundesamt, 2003   /   heruntergeladen   am   17.05.2006   von http://www.destatis.de/download/d/veroe/itinhaushalten03.pdf

Quellenverzeichnis

[BDSG], Bundesdatenschutzgesetz in der Fassung der Bekanntmachung vom 14. Januar 2003

Selbstkritische Darstellung zur Erstellung der Arbeit

Da ich diese Arbeit, wie ich leider zugeben muss, einige Semester vor mir hergeschoben habe, war das eigenständige Erstellen einer wissenschaftlichen Arbeit kein absolutes Neuland mehr für mich. Wie auch im Rahmen der Fallstudie, oder der einzelnen Projektarbeiten war es auch für das Erstellen dieser Arbeit von entscheidender Bedeutung den Arbeitsablauf systematisch zu organisieren und zu planen. Der Arbeitsplatz musste entsprechend hergerichtet und das nötige Arbeitsmaterial beschafft werden, Literatur gesichtet, ausgewählt, beschafft oder entliehen werden und alle Tätigkeiten im Rahmen des Zeitmanagements mit den anderen Verpflichtungen meines Tagesablaufs in Einklang gebracht werden.

Bei der Literaturauswahl wurden vor allem Autoren berücksichtigt, die mir von fachkundigen Kommilitonen empfohlen wurden, wobei deren Eignung als Quelle für dieses Thema anhand der Hinweise von Manuel R. Theisen in seinem Buch „Wissenschaftliches Arbeiten" abgeprüft wurde. Anschliessend wurden auch einige Querverweisen und Quellenangaben dieser Autoren nach dem gleichen Schema überprüft und ggf. als Quelle aufgenommen. Desweiteren wurde eine Internetrecherche zu dem bearbeiteten Thema durchgeführt, und hierbei z.B. die in der Arbeit verwendete Studie des statistischen Bundesamtes als Quelle entdeckt.

Ein Problem das bei der Erstellung wissenschaftlicher Arbeiten im Verlaufe meines Studiums immer wieder kehrt, ist die Problematik der korrekten Themenabgrenzung und des sinnvollen Aufbaus der Arbeit. Beides setzt ein gewisses Maß von Verständnis für die bearbeitete Materie voraus, die bei einem dem Autoren nicht sonderlich vertrauten Thema, wie es das hier behandelte für mich war, zu Beginn der Bearbeitung einfach nicht vorhanden sein kann. Ich lege daher zu Beginn einer Arbeit lediglich einen groben Rahmen anhand einer Gliederung fest, und beginne anschliessend mit der Sichtung möglicher Literatur. Erst im Verlauf dieser Sichtung ergibt sich nach und nach der entgültige Aufbau der Arbeit. Auch die Themenabgrenzung erfolgt erst im Verlaufe der Erstellung der Arbeit, da dem begrenzten Rahmen Rechnung getragen werden muss, die Arbeit aber auch fundiert sein und nicht nur eine Aneinanderreihung verschiedener Schlagworte.